馬可仕
（菲律賓，1917～1989）

希奧塞古
（羅馬尼亞，1918～1989）

伊迪・阿敏
（烏干達，1925～2003）

波布
（柬埔寨，1925～1998）

魏德拉
（阿根廷，1925～2013）

卡斯楚
（古巴，1926～2016）

穆巴拉克
（埃及，1928～）

蒙博托・塞塞・塞科
（薩伊一剛果，1930～1997）

海珊
（伊拉克，1937～2006）

格達費
（利比亞，1942～2011）

金正日
（北韓，1941～2011）

歐比昂
（赤道幾內亞，1942～）

明日●之書

這就是獨裁

ASÍ ES LA DICTADURA

明日之書

這就是獨裁
ASÍ ES LA DICTADURA

文字與構思
育苗團隊
Equipo Plantel

繪　者
米格爾·卡薩爾
Mikel Casal

譯　者
張淑英

在閱讀
本書之前——

給讀者

　　《這就是獨裁》是【明日之書】系列中的一本，專為兒童讀者編寫。這套書最早在1977年和1978年由西班牙的喜鵲科學出版社出版。當時西班牙的獨裁者佛朗哥＊才剛逝世兩三年，整個國家經歷了一段過渡時期，在邁向民主的路上，有了最初的改變。

　　從那時到現在，雖然已經過了四十多年，但半頭牛出版社認為這套書的精神和大部分文字並沒有過時，因此決定搭配新的插畫，重新出版。文字部分只稍微更動了一些逗號（我們不能說連個標點符號都沒動），但是內容部分保持原貌。基本上，書中的理念和言論仍然適合現代閱讀，書末的問答也一樣。新版只在繪本的最後加上後記，補充說明這四十年來的變化。

　　這個系列原來的名稱是【明日之書】，新版也使用原名。如果我們能夠懂得這本書中所談論的事而不覺得驚訝，顯然是因為那個「明日」還不是「今日」。但我們希望那個「明日」很快到來。

＊佛朗哥（Francisco Franco，1892–1975）於1975年11月20日逝世。原本葬在馬德里近郊的大十字架烈士谷（Santa Cruz del Valle de los Caídos），下葬近四十四年之後，2019年10月24日遷葬至首都馬德里以北，距離十三公里處的帕爾多－明哥魯比歐公墓（El Pardo–Mingorrubio）。

獻給

戈羅和德爾莫的每一天
米格爾

獨裁這個詞很像聽寫*：
有一位先生說，應該做什麼事，然後大家照著做，
因為「就是這樣」。

我必須服從

*在西班牙文中，獨裁（dictadura）
和聽寫（dictado）兩個字很像。

說話的這位先生，就是下命令的人。
他是所有人的主人，因為他把自己變成「所有一切」的主人。

只有很少數人支持他……
他的所作所為，違背大多數人的意願。

獨裁者，幾乎每一天
都很早起床，但脾氣很壞。

咕咕一咿！

然後開始怒罵第一個
他看到的人。

大家都服從他，因為大家都怕他。
那些不服從他、也不怕他的人，就會被懲罰。

吃早餐的時候，第一個奴才部長向他報告國家發生的所有事情。
喔！不，只有一些事情，而且剛好都是他不喜歡的事情。

他整天都在發號施令：
——頒布法令。
——頒發獎狀。
——發布懲罰。

他喜歡開幕，房屋、運河和橋梁
破土或落成典禮。
（因為獨裁者總是喜歡大事情，
很大很大：最偉大的事情。）

高大上
博物館

所有的獨裁體制都不准人思考。
只能思考獨裁者認為可以思考的事情。

有時候他們必須選擇離開，
因為他們無法捍衛自己。

所以最勇敢的人是獨裁者。
他是最聰明、最好、最高高在上的人！

獨裁者沒有朋友。他不愛人。
（因為他是最聰明、最高高在上、最帥的人。）

不過，有些人會變成獨裁者的朋友，因為這對他們有好處。
他們會替獨裁者辯解，因為獨裁者會讓有錢人變得更有錢。

有時候，獨裁者對自己人很慷慨，還會餽贈東西給他們（雖然
這些東西不是他的）：會贈送屬於別人的土地給他們，會頒獎
給他們，會送東西給他們。

獨裁者就是法律（因為只有他能制定法律）；
獨裁者也是司法（只有他的朋友可以當法官）。

獨裁者也想指揮軍隊，管理教育，
還有工廠，農村，辦公室……

他說這樣比較好。因為這樣，那些村里、鄉鎮、城市和國家
就很安靜；因為沒有人會抱怨，也沒有人敢抗議。

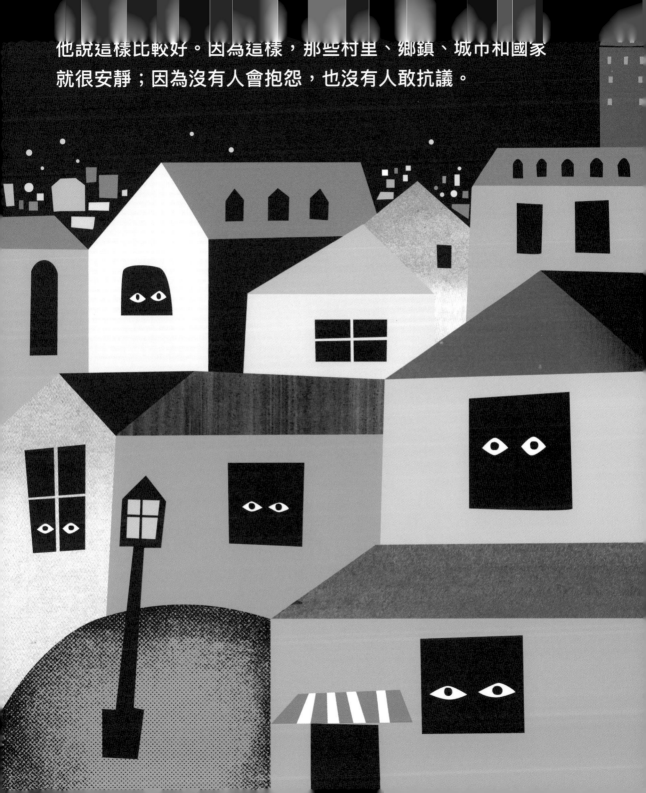

他對**他的**國家很自豪，因為國家是**他的**。

所以要遊行閱兵……

在這同時，人們卻感到非常厭惡，
感到恐懼，變得匱乏，被剝削利用……

大家都在工作，製造生產，但是也會思考。

思考的時候，當然，就會逐漸發現許多事情。

大家就會發現，獨裁者不是那麼勇敢。

他沒有那麼聰明……
也不公平……

大家會發現真相是：
獨裁者只對極少數人好；
對所有人都不公平；
對一些人則十分殘忍。

但是他們不能對抗獨裁者，
因為獨裁者是一切的主宰：
包括錢財、武器和土地。

甚至，連人也是。

最糟糕的是，獨裁體制
總是維持很久很久、
很多很多年。

要等到獨裁者死去以後（有些時候是被殺死），
或者被武力驅逐，

獨裁體制才會結束。

當獨裁的歷史結束時，
緊接著開始的歷史是……

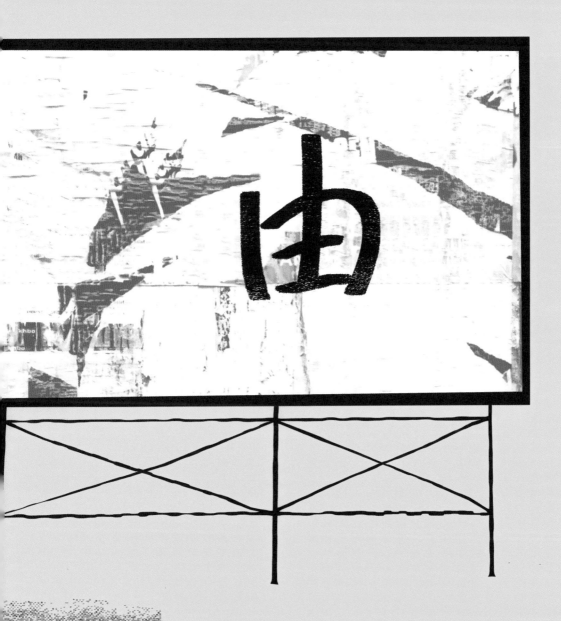

關於獨裁，我覺得⋯⋯

1. 你認為什麼是獨裁者？

A. 一個公平的統治者

B. 一個用武力統治的暴君

C. 一個人民選出來的人

答：_____

2. 為什麼獨裁者的政權被叫做獨裁？

A. 因為每個人可以做他想做的事

B. 因為只能做獨裁者想要的事

C. 因為由勞工指揮

答：_____

3. 你最不喜歡獨裁政權的哪一件事情？

A. 獨裁者決定一切

B. 沒有政黨

C. 不重視民意，不善待人民

答：_____

4. 你覺得獨裁體制下，人民會過得幸福嗎？

   請寫下你的意見。

   答：_____

   _____

   _____

   _____

獨裁的昨日與今日

1977年，當這本書首度出版的時候，全球大約有四十個國家被認為是獨裁政權。到了2015年，根據參考資料得知，約有三十六個國家施行獨裁。這些是實施君主專政或是一黨專政、沒有國會體制的國家，也就是說，是沒有自由選舉的國家。四十多年前，獨裁政府大部分在美洲和歐洲，而今天主要是集中在非洲和亞洲。

但願世界上的獨裁國家可以減少，哪怕只減少一個，也是好消息。但是，當今有很多政府的形式，雖然沒被稱作獨裁，卻跟獨裁沒有多大差別。有些政權體制其實是「軟獨裁」，因為他們允許人民有若干自由，也不會嚴厲懲罰反對者。最常見的情況是，有些國家自許是民主國家，卻複製許多獨裁國家的特徵：這些國家的選舉不乾淨、掌權的人造假、製造陷阱、財政帳目不透明、貪污浮濫、不尊重人權、制定的法律罔顧人民權益，統治者不需要對他所服務的人民提出解釋。

任何公眾事務，如果不透明、如果沒有便利人民參與並執行他們的權利（申訴權也是），那就不是真正的民主，跟專制政府沒什麼兩樣，人民不會開心的。

作者簡介

育苗團隊
Equipo Plantel

「育苗團隊」共有三名成員，由一對夫妻及一位年輕女孩組成。先生是經濟線記者，太太是來自阿根廷的教師，兩人婚後住在馬德里。年輕女孩是這對夫妻的好朋友，也是一名經濟系的學生。三位作者經常聚集在年輕女孩的家裡聊天發想，一起做菜，也一起寫下【明日之書】系列。1977年底，該系列首次在西班牙出版，距離西班牙獨裁者佛朗哥逝世不過兩年。佛朗哥死後，四十多年來的獨裁政權終結，西班牙終於往自由的方向邁進。在此之前，想在雜誌上看到各式各樣的主題探討，以及為年輕人出版關於政治及社會問題的書籍，幾乎是不可能的事。在媒體及書籍出版方面，「育苗團隊」的成員有各種合作，但唯有【明日之書】是三人以團隊之名共同出版的。

譯者簡介

張淑英

馬德里大學西班牙＆拉丁美洲文學博士。2016年膺選西班牙皇家學院外籍院士。2019年起為西班牙王室索利亞伯爵基金會通訊委員。中譯《世界圖繪》，《佩德羅・巴拉莫》、《紙房子裡的人》等十餘部作品。

譯者的話：這是我首度翻譯童書繪本，讓我回想起陪伴兩個女兒成長、為她們講故事的歲月。我也很開心能用孩童的語言，和他們討論成人關心的世界。

繪者簡介

米格爾・卡薩爾
Mikel Casal

1965年出生於西班牙的多諾斯提亞－聖塞巴斯提安
（Donostia–San Sebastián）

米格爾在全世界各地的報紙和雜誌上，發表插畫和漫畫，連遠在南美洲的秘魯也看得到。他是【明日之書】系列的幾位插畫家裡，唯一經歷過獨裁政權的人。雖然他不記得太多事情（因為當時他年紀還小），但是隱約注意到他生活周遭有一股悲傷的氣氛（當時他就像一個裝著天線的小孩）。他從長輩那邊知道，很多人生活在恐懼之中。

除了畫畫，米格爾最愛潛水。他經常跟兒子德爾莫到蘇里歐拉海灘＊，踏著滑板，乘風破浪，欣賞黎明晨曦。我們不知道他們是否會這樣想像，但是生活在獨裁體制下，絕對跟衝浪翱翔的感覺完全不一樣。

＊蘇里歐拉（Surriola）海灘位於西班牙東北邊的海岸，
被稱作「歐洲最美麗的海灘」。

Thinking 049

這就是獨裁
ASÍ ES LA DICTADURA

文字與構思｜育苗團隊 Equipo Plantel
繪　者｜米格爾・卡薩爾 Mikel Casal
譯　者｜張淑英

字畝文化創意有限公司
社長兼總編輯｜馮季眉
責任編輯｜洪　絹
封面設計｜Bianco Tsai
內頁設計｜蕭雅慧

出　　版｜字畝文化創意有限公司
發　　行｜遠足文化事業股份有限公司（讀書共和國出版集團）
地　　址｜231 新北市新店區民權路 108-2 號 9 樓
電　　話｜(02)2218-1417
傳　　真｜(02)8667-1065
客服信箱｜service@bookrep.com.tw
網路書店｜www.bookrep.com.tw
團體訂購請洽業務部　(02)2218-1417 分機 1124

法律顧問｜華洋法律事務所　蘇文生律師
印　　製｜中原造像股份有限公司

出版日期｜2019 年 12 月 4 日　初版一刷
　　　　　2024 年 5 月　　　初版十八刷
定　　價｜300 元
書　　號｜XBTH0049
Ｉ Ｓ Ｂ Ｎ｜978-986-5505-08-0（精裝）

特別聲明：有關本書中的言論內容，不代表本公司 / 出版集團之立場與意見，文責由作者自行承擔

ASÍ ES LA DICTADURA
Idea and Text by Equipo Plantel
Illustrations by Mikel Casal
Copyright © 2015 Media Vaca All rights reserved.
First published in Spanish by Media Vaca
Chinese complex translation copyright © WordField Publishing Ltd.,
a Division of WALKERS CULTURAL ENTERPRISE LTD., 2019
Published by arrangement with Media Vaca through LEE's Literary Agency

墨索里尼
（義大利，1883～1945）

希特勒
（德國，1889～1945）

史達林
（蘇聯，1878～1953）

蘇慕薩·賈西亞
（尼加拉瓜，1896～1956）

特魯希略
（多明尼加，1891～1961）

薩拉查
（葡萄牙，1889～1970）

弗朗索瓦·杜瓦利埃
（海地，1901～1971）

巴蒂斯達
（古巴，1901～1973）

佛朗哥
（西班牙，1892～1975）

毛澤東
（中國，1893～1976）

馬可仕
（菲律賓，1917～1989）

希奧塞古
（羅馬尼亞，1918～1989）